MÉMOIRE

Sur le lieu, les circonstances & les suites de l'assassinat de LOUIS, duc d'ORLÉANS, frère du roi Charles VI.

Par M. BONAMY.

3 Septembre 1748.

LE sujet que je me propose de traiter, inspire la tristesse par son seul titre; il fut la source de tous les malheurs qui desolèrent le Royaume pendant le règne de Charles VI, & une partie de celui de Charles VII : mais quoique par-là il mérite d'être connu dans le détail, j'avoue que je n'aurois pû me déterminer sans peine à rappeler un évènement dont toutes les circonstances font horreur à l'humanité, s'il ne s'étoit trouvé lié à quelques discussions topographiques concernant la ville de Paris. Attentif à remarquer ce qui reste des anciens bâtimens dans cette capitale du Royaume, j'ai cru reconnoître la porte de l'hôtel d'où sortoit le duc d'Orléans, & le lieu précis où il fut assassiné.

Un manuscrit de la bibliothèque du Roi, que M. l'abbé Sallier a eu la bonté de me communiquer, m'a confirmé dans mes conjectures; il contient les dépositions des témoins & la requête présentée au roi Charles VI par les enfans du duc d'Orléans. C'est d'après ces titres que je n'ai vû imprimés nulle part, & plusieurs autres, soit manuscrits, soit imprimés, que je vais entretenir la Compagnie. Il faut convenir qu'on ne pouvoit choisir un sujet plus lugubre pour terminer nos séances Académiques.

Un auteur moderne a dit *(a)*, en parlant du meurtre des enfans du roi Clodomir & du massacre de la St Barthélemi, qu'il aimeroit mieux qu'il y eût dix victoires de moins dans

(a) Histoire de la monarchie Françoise par l'abbé Dubos, *tome III*, page 484, in-12.

nos fastes, & que ces deux évènemens ne s'y trouvassent point. Il auroit pû, par malheur, en ajoûter encore d'autres, & en particulier le meurtre horrible d'un frère unique du Roi, assassiné au milieu de la ville de Paris par les ordres d'un Prince du sang son cousin-germain. Ce qui surprendra davantage, c'est que le meurtrier eut l'audace de faire soûtenir publiquement par un Moine *(b)*, docteur en Théologie, que le motif qui l'avoit porté à commettre un pareil crime, étoit non seulement juste, mais même louable. C'est à de pareils traits qu'on reconnoît la dépravation des mœurs, la foiblesse du gouvernement & la misère d'un siècle où l'on est sourd à la voix de la justice & de l'équité.

La démence dont Charles VI fut attaqué à plusieurs reprises, & qui ne lui permit ni de sentir son autorité, ni de la faire respecter par ses sujets, occasionna des troubles qui pensèrent faire passer le Royaume dans une famille étrangère, & donna lieu à une infinité de querelles entre les Princes qui, n'envisageant dans leurs démarches que leur propre intérêt, sacrifièrent celui de l'Etat. Depuis les premiers signes de démence que Charles VI donna en 1393, les Princes se disputèrent l'autorité dans le gouvernement. Philippe le Hardi duc de Bourgogne, & frère de Charles V, l'obtint pendant quelque temps: Louis, duc d'Orléans s'en empara ensuite; & le crédit du duc de Bourgogne ayant pris le dessus à la Cour en 1403, obligea le duc d'Orléans à s'en désister: mais le premier étant mort l'année suivante, son fils Jean Sans-peur, aussi hardi & plus ambitieux que son père, prétendit lui succéder au gouvernement de l'Etat, comme à ses riches Provinces. Le duc d'Orléans, qui avoit eu du respect pour l'âge de son oncle, souffrit impatiemment que le fils voulût lui disputer une place qu'il croyoit devoir posséder par le droit de sa naissance. Ce fut-là la source de leur inimitié, dont les suites furent fatales à l'un & à l'autre. Louis fut tué par les ordres de Jean son cousin; & celui-ci le fut douze ans après

(b) Jean Petit, Cordelier. *Voyez Hist. Universitatis Paris. tome V, page 895 & alibi.*

DE LITTERATURE.

à Montereau-Faut-Yonne, en préſence du Dauphin, par les partiſans de la maiſon du duc d'Orléans, qui vouloient venger la mort de ce Prince.

Il en eſt de ce point d'hiſtoire comme de beaucoup d'autres, qui lorſqu'on veut en examiner le détail, ne ſe trouvent pas rapportés de la même manière par les hiſtoriens; s'ils s'accordent dans le fait principal, ils varient dans les circonſtances. Tous conviennent que le duc d'Orléans fut aſſaſſiné en revenant de rendre une viſite à la reine Yſabeau de Bavière; mais ils ne conviennent pas du lieu où étoit la Reine. Les uns *(c)* diſent qu'elle étoit au Louvre, & que c'étoit en revenant fort tard de ce palais que le duc d'Orléans fut aſſaſſiné; d'autres veulent que cette Princeſſe fût à l'hôtel S.t Paul: il y en a qui nomment en général l'hôtel de la Reine ſans ſpécifier ſa ſituation. Quant au lieu de l'aſſaſſinat, les auteurs ne ſont pas plus précis: ſelon les uns, c'étoit dans la rue ou proche la rue Barbette; d'autres diſent la vieille rue du temple: enfin ils ne conviennent pas plus du jour & de l'heure où cet attentat fut commis. Tous ceux qui en ont parlé auroient cependant été plus exacts, s'ils avoient voulu conſulter quelques-uns de nos anciens hiſtoriens, & en particulier les regiſtres du Parlement dont la narration ſur ce point mérite d'autant plus de croyance qu'elle a été écrite le jour même de l'aſſaſſinat. Voici ce qu'on y lit.

« *(d)* Du mercredy 23 novembre 1407, ce jour, au ſoir, environ huit heures, Meſſire Louis, fils du roi Charles V, & frère germain du roy Charles regnant, de préſent duc d'Orléans, comte de Valois, de Blois, de Beaumont, de Soiſſons, d'Angoulefme, de Dreux, de Porcien, de Périgord, de Luxembourg, &c. marié à Madame Valentine, fille de feu meſſire Galiache, duc de Milan, dont avoit trois fils & une fille, en revenant de l'hôtel de la Reine, qui eſt près de la porte Barbette, vers l'égliſe des blancs Manteaux, accompagné »

(c) Bontſons, antiquités de Parisi, *page 377;* abrégé de Mézerai, *édition de 1717, in-12, tome VI, page 177.*
(d) Félibien, preuves juſtificat. de l'hiſt. de Paris, *t. II, p. 549.*

» moult petitement selon son état, c'est assavoir, de trois
» hommes à cheval & de deux à pied, à une ou deux torches,
» devant l'hôtel du maréchal de Rieux, en son âge de trente-
» six ans ou environ, fust par huict ou dix hommes armés, qui
» étoient muffés en une maison appelée l'image Notre-Dame,
» estant devant l'hôtel dudit Mareschal, & où lesdits hommes
» avoient conversé repostement par huict ou quinze jours, tué
» & meurtri........ le Roy étant en son hôtel de S.t Pol,
» monseigneur de Guyenne, dauphin de Vienne & aîné fils
» du Roi au Louvre, de l'âge d'environ unze ans, les ducs
» de Berry & de Bourbon ses oncles, le roy de Sicile, le duc
» de Bourgogne, les comtes de Nevers, d'Alençon & de Cler-
» mont, messire Charles de le Bret connestable de France, &
» messire Pierre de Navarre, comte de Mortain ses cousins
» germains, & plusieurs autres Seigneurs, tant du sang Royal
» que autres, étant à Paris, &c. ce Prince qui si grand seigneur
» estoit & si puissant....... en si petit moment a finé ses
» jours moult horriblement & honteusement: & qui ce a fait,
scietur autem posteà. »

J'ai dit que ce récit avoit été écrit le même jour, ou au plus tard le lendemain, puisque les mots latins par lesquels il finit, supposent qu'on ne savoit pas encore l'auteur de l'assassinat; or on le sut le 25 au soir, que le duc de Bourgogne en fit lui-même l'aveu. Je reviendrai aux circonstances de cet horrible attentat, après que j'aurai éclairci ce qui concerne le local dont il est fait mention dans la narration. Il y est parlé de l'hôtel de la Reine, situé près de la porte Barbette, de celui du maréchal de Rieux, & de la maison nommée l'image Notre-Dame; les vestiges qui subsistent encore aujourd'hui du premier & du troisième de ces lieux, nous feront connoître l'endroit précis de cette scène tragique.

L'hôtel de la Reine étoit situé dans la vieille rue du Temple; il en reste encore une porte, qu'on ne peut à la seule inspection méconnoître pour être du règne de Charles VI: quoique ses ornemens soient un peu dégradés, on ne laisse pas d'y apercevoir une construction élégante, qui prouve

Porte de l'Ancien Hôtel Barbette telle qu'elle etoit encore en 1748.

Plan d'une partie du quartier du Marais

* Cet Asterisque indique l'endroit où fut assassiné le Duc d'Orleans dans la vieille rue du Temple

DE LITTERATURE. 519

que ce n'étoit pas l'entrée de la maiſon d'un particulier. Mais ce qui lève tout le doute, eſt que ſur le haut de cette porte on voit ſculpté un écu chargé de fleurs de lys ſans nombre, ſurmonté d'un heaume ou caſque, au deſſus duquel eſt une grande fleur de lys, & ayant pour ſupport deux lions: cet écu reſſemble à celui d'une monnoie de Charles VI, appelée écu au heaume. Cet hôtel eſt connu dans nos anciens titres ſous le nom d'hôtel Barbette: ſes bâtimens & ſes jardins couvroient tout le terrein renfermé entre la vieille rue du temple, la rue de la Perle, la rue Pavée & la rue des Francs-bourgeois. On l'appeloit la courtille Barbette dès l'an 1242 : c'étoit la demeure d'Etienne Barbette Voyer de Paris, maître de la monnoie & prevôt des marchands en 1298 & 1314; c'eſt cette même maiſon qui fut pillée par les Pariſiens en 1306, dans une ſédition excitée au ſujet des monnoies, & dont l'inſolence alla ſi loin, que le roi Philippe le Bel, qui demeuroit alors au Temple, y fut lui-même attaqué. Je n'ai pû découvrir de quelle manière cette maiſon avoit paſſé à Jean de Montaigu, grand-maître de France: mais elle lui appartenoit en 1392, lorſqu'il y reçut le roi Charles VI, qui y vint ſouper & coucher avec ſa Cour la veille de ſon départ pour la Bretagne, après avoir dit adieu à la Reine & aux Princeſſes à l'hôtel de S.t Pol; ce qui ſuppoſe que les bâtimens en étoient fort étendus. Montaigu ayant eu en don de Jean, duc de Berri, l'hôtel de Giac, la demeure du fameux Hugues Aubriot, prevôt de Paris, ſituée rue de Joui, dont il reſte encore un grand corps de logis, vendit ſon hôtel Barbette à Yſabeau de Bavière, qui ſe plut à embellir les bâtimens & les jardins.

Cet hôtel, dont il ne reſte plus que la porte dont je viens de parler, & une tourelle qui eſt à l'angle formé par la rue des Francs-bourgeois & par la vieille rue du Temple, ſubſiſta toûjours juſqu'en 1561, que Françoiſe de Brezé, ducheſſe de Bouillon, & Louiſe ſa ſœur, ducheſſe d'Aumale, filles de Louis de Brezé & de Diane de Poitiers, qui en étoient propriétaires, le vendirent à des particuliers pour y

Traité des monnoies par Leblanc, page 238.

Sauval, tome I, page 68.

Froiſſart, vol. IV, chap. 41.

Sauval, tome II, page 153.

Idem, tome II, page 121.

bâtir; ils y percèrent deux rues, l'une appelée aujourd'hui rue Barbette, & l'autre rue des Trois-pavillons: ainsi, dans tous nos anciens titres, lorsqu'il est question de la rue Barbette avant l'an 1561, ce n'est pas de celle que nous connoissons aujourd'hui sous ce nom qu'il faut entendre parler, mais de la portion de la vieille rue du Temple, qui s'étend depuis la rue des Blancs-manteaux jusqu'à l'égoût couvert, & qu'on appeloit rue Barbette à cause de l'hôtel de ce nom qui y étoit situé. Il avoit aussi communiqué ce nom à une porte de la vieille rue du Temple qui étoit dans l'alignement de l'enceinte de Philippe Auguste; car cette enceinte passoit sur le terrein où est maintenant bâti le chœur de l'église des Blancs-manteaux, & s'étendoit le long de la rue des Francs-bourgeois, pour aller aboutir à la nouvelle porte Bauders, presque vis-à vis l'église des Jésuites de la rue S.t Antoine.

On conçoit par-là ce que dit Monstrelet, que l'hôtel Barbette étoit au pied de la porte de ce nom: car la tourelle qui le termine du côté de la rue des Francs-bourgeois n'en étoit éloignée que de trente pas.

Au reste ce n'étoit pas seulement la portion de la vieille rue du Temple située hors de l'enceinte qui s'appeloit la rue Barbette: on donnoit encore quelquefois ce nom à la partie qui étoit voisine de la porte Barbette dans l'intérieur de l'enceinte; de-là vient que tantôt cette partie est nommée rue Barbette, & tantôt vieille rue du Temple. Quant à la partie qui est du côté de la rue S.t Antoine, elle s'est toûjours constamment appelée la vieille rue du Temple; & c'étoit le nom qu'elle avoit dès le règne de S.t Louis: ce qui marque que dès-lors elle étoit ancienne, ainsi que la place du marché S.t Jean, qui est nommée dans des *(e)* lettres de Philippe III de l'an 1280, *platea veteris cimeterii sancti Johannis.*

Cherchons maintenant dans la vieille rue du Temple, l'hôtel de Rieux & la maison de l'image Nôtre-Dame dont il est parlé dans les registres du Parlement.

(e) Voyez à la fin du vol. IV du Traité de la Police, *page 793.*

L'hôtel

L'hôtel de Rieux fut ainsi nommé de Jean II, & Pierre de Rieux, Bretons, tous deux maréchaux de France, qui en étoient propriétaires & y demeuroient. Il fut confisqué sur ce dernier en 1421, dans le temps que les Anglois étoient les maîtres de Paris, après l'exhérédation faite par Charles VI de son fils Charles VII alors Dauphin. Il est ainsi désigné dans le compte des confiscations de Paris de cette année-là : « Maison du maréchal de Rieux tenant le parti du Dauphin, rue des Singes, aboutissant par derrière à la vieille rue du Temple ». Dans d'autres titres elle est marquée dans la vieille rue du Temple ; ce qui revient au même, parce que cette maison avoit deux entrées, l'une dans la rue des Singes, l'autre dans la vieille rue du Temple, comme la maison qui a été bâtie depuis par M. Amelot de Biseuil sur le terrein de l'ancien hôtel de Rieux, en a encore deux aujourd'hui. Sa situation n'est pas équivoque ; car outre que la rue des Singes n'a que cinquante toises environ de longueur, & qu'il seroit aisé par conséquent de reconnoître son emplacement, les anciens titres que j'ai vûs serviroient à la retrouver. Elle étoit précisément dans l'endroit où je l'ai marquée sur le plan, & ne s'étendoit pas jusqu'à la rue des Blancs-manteaux, puisque dans le compte des confiscations de la ville de Paris, depuis l'an 1427 jusqu'en 1434, on y spécifie une maison confisquée, sise rue des Singes, faisant le coin de ladite rue, tenant d'une part à l'hôtel de Rieux, & d'autre part au long de la rue des Blancs-manteaux. Telle est encore aujourd'hui la situation de la maison de M. de Biseuil, dont la porte-cochère, qui est sur la vieille rue du Temple, est remarquable par la beauté de son architecture. Les regiſtres du Parlement disent que vis-à-vis de l'hôtel de Rieux étoit la maison appelée l'image Notre-Dame, & cette maison, occupée aujourd'hui par un Epicier & un Boulanger, n'est pas difficile à reconnoître pour être la même que celle dont les registres font mention. Il y a deux niches en saillies appliquées sur la muraille au dessus des portes, dans l'une desquelles, c'est-à-dire, celle de la maison du Boulanger, est une image de la Vierge tenant J. C. dans ses bras: cette niche est d'une construction antique & est ornée d'une fleur de lys posée sur le sommet.

C'est donc dans cet endroit précisément que fut tué le duc d'Orléans, en sortant de l'hôtel Barbette ou de la Reine.

Venons maintenant aux circonstances de cet horrible assassinat. On me permettra de me servir souvent des propres termes des pièces originales. Si cette manière de raconter les faits forme une bigarrure dans le style, il me semble que la narration en acquiert aussi plus d'authenticité.

J'ai dit ci-dessus que la cause de l'inimitié qui régnoit entre les ducs d'Orléans & de Bourgogne, étoit l'ambition de ce dernier pour le gouvernement: il ne trouva pas de plus prompt moyen pour se débarrasser de son rival, que de le faire assassiner. Un nommé Raoul d'Auctonville, Norman, fut chargé de l'exécution. Il en vouloit personnellement au duc d'Orléans, parce qu'il lui avoit fait ôter un office de finance à cause de ses malversations. Je crois que c'étoit celui de Trésorier de l'épargne; car j'ai vû des quittances de lui où il se dit *sparniæ Thesaurarius*. Monstrelet dit que c'étoit un office des Généraux.

Il étoit question de trouver un logement pour y placer les assassins; & dès la S.t Jean de l'an 1407, un nommé François d'Asignac, *Couratier* public de maisons, demeurant rue S.t Martin, fut chargé par un jeune homme en habit d'écolier, d'en chercher un dans la rue S.t Antoine ou dans les environs de l'hôtel S.t Paul: mais comme il ne s'en trouva pas de vuide, le même jeune homme revint quelques mois après trouver ce *Couratier*, pour lui dire que, puisqu'il n'en trouvoit point dans ce quartier, il le prioit de voir s'il n'y en auroit point à louer dans la vieille rue du Temple autour de l'hôtel de la Reine. Il trouva en effet la maison de l'image Nôtre-Dame qui étoit à louer depuis la S.t Jean, & appartenoit à Robert Fouchier, sergent d'armes & maître des œuvres de charpenterie du Roi. Le jeune homme, après l'avoir vûe, alla avec le Couratier à l'hôtel de Fouchier demeurant au chantier du Roi près les Béguines *(f)*, & fit

(f) C'est aujourd'hui le couvent des filles de l'*Ave-Maria*.

marché avec fa femme à feize livres parifis pour le loyer de la maifon jufqu'à la S.t Jean 1408, dont il lui paya la moitié d'avance, c'eft-à-dire, dix francs en fix écus & le furplus en monnoie, & en prit quittance, fe nommant Jean Cordelant, clerc de l'Univerfité. Il lui dit que c'étoit pour y mettre vins, blés & autres *garnifons*, & y loger avec un fien compagnon qu'il ne nomma point. Ce marché fut conclu le 17 novembre 1407. Ce fut donc dans cette maifon que les affaffins vinrent fe cacher. Pendant fix jours qu'ils y demeurèrent, perfonne du voifinage ne fut que cette maifon avoit été louée; ils y avoient cependant fait entrer des uftenfiles de ménage & des provifions pour eux & les chevaux qu'ils y avoient amenés: mais ils n'y entroient & n'en fortoient que le foir, ou de grand matin avant le jour ; la porte reftoit fermée pendant le refte de la journée. Pendant que ces affaffins épioient l'occafion d'exécuter leur deffein, le duc de Bourgogne affectoit de vivre dans une grande union avec le duc d'Orléans : ils s'étoient reconciliés quelques mois auparavant, & avoient juré folennellement « vraye fraternité d'armes enfemble par efpecielles convenances fur ce faites (ce font les termes de la requête des enfans du duc d'Orléans) laquelle chofe, ajoûtent-ils, doit de foi emporter telle & fi grand loyauté, comme fçavent tous nobles hommes , & encore à plus grande confirmation defdites fraternité & compagnie d'armes, prindrent & portèrent l'ordre & le colier l'un de l'autre, comme c'eft chofe notoire. » Je ne fais quels pouvoient être alors les ordres de ces deux Princes: car l'ordre du Porc-épic ne fut établi que par Charles duc d'Orléans, & celui de la Toifon par Philippe le Bon, duc de Bourgogne. « Quelques jours avant l'affaffinat, dit encore la requête au Roi, le duc de Bourgogne alla voir le duc d'Orléans au château de Beauté, & à Paris dans fon hôtel, où il étoit retenu par une indifpofition, & lui montra tous fignes d'amour que frères, coufins & amis pouvoient & devoient porter & montrer l'un à l'autre, jaçoit ce qu'il eût desjà traité & ordonné fa mort, & que les meurtriés fuffent jà par lui mandés, & la maifon louée pour

» eux receller & embufchier, qui preuve & montre clerement
» que c'étoit une bien cruelle & mortelle traïfon; & que plus eft,
» le jour devant l'accompliffement dudit meurtre, votre frère &
» lui, après le confeil par vous tenu à S.t Pol *(g)* en votre pré-
» fence, & des feigneurs de votre fang qui là eftoient & autres
« plufieurs, prindrent & burent épices enfemble, & le femoni
» votredit frère à dîner avecque lui le dimanche enfuivant,
» qui le lui accorda, jaçoit ce qu'il lui gardaft cette faulce
» & corrompue penfée de le faire ainfi meurtrir honteufe-
ment. » Il ne faut pas oublier de remarquer encore que le
dimanche précédent le duc de Bourgogne & le duc d'Orléans avoient communié enfemble en figne d'une parfaite
réconciliation.

La reine Ifabeau de Bavière s'étoit retirée au commencement du mois de novembre à l'hôtel Barbette pour y faire
fes couches, & elle y mit au monde le 10 de ce mois un
fils nommé Philippe, qui mourut le jour fuivant; de forte
que cette Princeffe, felon l'auteur de l'hiftoire de Charles VI,
paffa en pleurs tout le temps de fes couches: le duc d'Orléans, ajoûte-t-il, lui rendit des vifites fort affidues pour
s'acquitter des devoirs de confolation, & pour appaifer fa
douleur; le 23 novembre il y alla encore après-midi & y
foupa: les affaffins, qui fe tenoient prêts à exécuter leur coup,
envoyèrent fur les huit heures du foir un nommé Scas de
Courteheufe, valet de chambre du Roi & leur complice,
« lequel lui dit, de par le Roi, pour le decevoir: Monfei-
» gneur, le Roi vous mande que fans delai venez devers lui,
» & qu'il a à parler à vous haftivement, & pour chofe qui
» grandement touche à lui & à vous. » Le Duc fe fit incontinent amener fa mule, & fortit pour retourner à l'hôtel
S.t Paul le long de la vieille rue du Temple: il n'étoit
accompagné que de deux écuyers montés fur un même
cheval qui alloit devant, & de quatre ou cinq pages ou
valets, dont quelques-uns portoient des flambeaux; le refte

T. II, p. 623.

Monftrelet, chap. 36.

(g) C'eft l'hôtel de S.t Paul fitué fur le quai deCleft ins: il étoit la
demeure de nos Rois depuis Charles V qui en avoit falacq uifition.

de sa suite étoit resté à l'hôtel de la Reine, « où, dit Monf- « trelet, il étoit allé à privée mesgnyé, nonobstant que pour « ce jour avoit dedans la ville de Paris de sa retenue & à ses « dépens, bien six cens chevaliers & écuyers. » On a vû ci-devant que les registres du Parlement remarquent que ce Prince étoit accompagné de trois hommes à cheval, & de deux hommes à pied; & je vais rapporter bien-tôt la déposition d'une femme, témoin oculaire, qui dit qu'il y avoit cinq ou six hommes à cheval. Malgré ces deux témoignages, je crois qu'il faut s'en tenir au récit de Monstrelet, tel que je l'ai rapporté, qui est plus conforme aux dépositions des autres témoins. De plus on ne conçoit pas comment cinq ou six cavaliers, en environnant seulement le duc d'Orléans, n'auroient pas pû pendant quelque temps défendre la vie de ce Prince, ou au moins comment quelqu'un d'eux ne s'est pas échappé pour aller demander du secours à l'hôtel de la Reine, dont la porte n'étoit qu'à soixante-dix toises de l'endroit où le duc d'Orléans fut attaqué: car dans tous les détails très-circonstanciés que j'ai lûs, il n'est absolument fait aucune mention de cavaliers qui aient mis obstacle à cette mauvaise action, ni de gens qui soient venus de l'hôtel de la Reine au secours. Le duc d'Orléans avoit soupé avec la Reine, comme je l'ai déjà dit ; & quoique les auteurs remarquent qu'il étoit fort tard, il n'étoit cependant que huit heures du soir : c'est qu'alors, pour me servir de l'expression du cardinal de Retz, les Princes, de même que les bourgeois, n'aimoient point *à se desheurer*. On soupoit à six heures comme on dînoit à onze; & c'étoit encore l'usage pour la Cour sous le règne de Charles IX, comme nous l'apprenons de l'instruction que la reine Catherine de Médicis sa mère lui donne pour se conduire pendant la journée. « Je desirerois, disoit- « elle, que prissiés une heure certaine de vous lever, & que « donnassiés une heure ou deux à ouïr les dépesches & affaires... « & ne passer les dix heures pour aller à la messe, comme on « avoit accoûtumé au temps des Rois votre père & votre grand- « père, & au sortir de la messe dinés s'il est tard, ou sinon vous «

» promenés pour votre santé, & ne passés onze heures que
» ne diniés. » Ainsi, quoique tous les auteurs de ce temps-là
disent qu'il étoit fort tard lorsque le duc d'Orléans sortit de
l'hôtel Barbette, il n'étoit cependant que huit heures du soir;
tout le monde étoit retiré en sa maison dans ce quartier,
où il n'y avoit pas alors beaucoup de boutiques.

Le duc d'Orléans qui avoit passé l'après-midi à se divertir,
ne s'attendoit pas au triste sort qu'on lui préparoit. Une femme
qui logeoit dans une chambre des dépendances de l'hôtel de
Rieux, & qui fut un des témoins interrogés, nommée Jacquette, femme de Jean Griffart, Cordouannier, dit « qu'entre
» sept & huit heures, elle étant à sa fenêtre haute sur la rue,
» regardant si son mari ne venoit point, & aussi en prenant
» à une perche un drapeau pour son enfant, lequel drapeau elle
» y avoit mis à secher, veid & apperçut un grand Seigneur
» qui étoit à cheval accompagné de cinq ou six hommes à
» cheval & de trois ou quatre hommes à pied, & de deux
» ou trois torches qu'on portoit devant, lesquels venoient de
» devers l'hôtel de la Reine, c'est assavoir de devers la porte
» Barbette ; & étoit ledit grand Seigneur sans chapperon, &
» s'ébattoit d'un gand ou d'une moufle, & chantoit comme il
» lui semble; & dist que quand elle l'eust un peu regardé,
» elle s'en alla de sadite fenêtre pour coucher son enfant, &
» incontinent après ouït crier tels mots: *à mort, à mort ;* &
» sur l'heure, elle tenant sondit enfant, retourna à sadite fenêtre,
» & veid lors & apperçut ledit grand Seigneur qui étoit à genouils
» emmy la rue devant l'huis de l'hôtel du maréchal de Rieux,
» & n'avoit point de chaperon sur sa tête, & si veid que autour
» de lui estoient sept ou huit compaignons embrunchés par les
» visages, garnis d'espées & de haches, sans ce qu'elle y veid
» ne apperceust auleuns chevaux, lesquels compaignons frap-
» poient sur ledit Seigneur, & en ce faisant elle luy veid mettre
» une fois ou deux son bras au devant des coups, en disant
» par lui tels mots: *qu'est ceci, d'où vient ceci !* à quoi aucun
» ne repondit rien, & veid que sur l'heure il cheust tout étendu
» emmi ladite rue, & frappoient sur lui lesdits compaignons

d'eſtoc & de taille tant qu'ils pouvoient ; & dit qu'en ce faiſant elle cria tant qu'elle peuſt au meurtre, à quoi un homme qui eſtoit emmy la rue.... lui dit tels mots: *taiſez-vous, mauvaiſe femme, taiſez-vous ;* & ſi dit qu'il y avoit deux ou trois torches qu'on tenoit & allumoient à ceux qui battoient ledit Seigneur, & dit que quand ils l'eurent ainſi battu, elle apperceuſt & veid ſortir de la maiſon de l'image notre Dame, qui eſt au droit du lieu où fut fait ledit cas, un grand homme qui avoit un grand chaperon vermeil embrunché de ſa cornette par le viſage, lequel s'approcha deſdits compagnons batteurs, & leur dit tels mots : *éteignez tous, allons nous en, il eſt mort ;* & incontinent laiſſerent ledit Seigneur qui ne ſe remuoit plus, & veid bien qu'en faiſant ledit cas, être deux ou trois autres compagnons emmi la rue à l'huis dudit hôtel où eſt l'image Notre-Dame, leſquels regardoient faire ce que dit eſt : & dit que quand leſdits malfaiteurs s'en furent allés, elle apperceut qu'auprès ledit grand Seigneur étoit par terre un compagnon qui, après le partement deſdits malfaiteurs, leva la tête en criant : *haro, Monſeigneur mon maitre ;* & aſſés toſt après ledit Seigneur & ſon varlet furent portés audit hôtel dudit M. le mareſchal de Rieux ».

Voici encore une autre dépoſition d'un témoin oculaire, reçue par Guillaume Paris, Examinateur, de par le Roi, au Châtelet. « Drouet Prieur, varlet & ſerviteur de Henri du Chatelier, écuyer échançon de feu Monſeigneur le duc d'Orléans, demeurant à Paris en l'hôtel de Monſeigneur le mareſchal de Rieux, oncle dudit Ecuyer, aſſis à Paris en la rue des Singes, dépoſe que le jour d'hier au ſoir, environ huit heures de nuit, il qui étoit deſcendu de la chambre dudit ſon maitre, étant à l'huis d'une des ſalles en laquelle a pluſieurs feneſtres qui ſont wariées & qui ont égart ſur la vieille rue du Temple, à l'oppoſite de l'hotel de l'image Notre-Dame.... ouït & entendit qu'en la rue avoit grand cliquetis comme d'eſpées & autres armures, & ſi veid par la lueur deſdites wariées que ceux qui ce faiſoient avoient clareté,.... & diſoient tels mots : *à mort, à mort.* Dont lors pour ſcavoir

» ce que c'eſtoit, il remonta en ladite chambre dudit ſon
» maitre, qui eſt audeſſus de ladite ſalle droit à l'oppoſite dudit
» hôtel de l'image notre Dame, & trouva que aux fenêtres
» d'icelle étoit desja le dit ſon maitre, Jean de Rouvray,
» Ecuyer, demeurant audit hôtel, le Page, le Barbier d'icelui
» ſon maitre qui regardoient en ladite vieille rue du Temple,
» par l'une deſquelles feneſtres il qui parle regarda emmi ladite
» rue, & veid à la clareté d'une torche qui étoit ardente ſur
» les carreaux, que droit devant l'hôtel de l'image Notre-Dame,
» étoient pluſieurs compaignons à pied, comme du nombre
» de douze à quatorze, nul deſquels il ne connoiſſoit, leſquels
» tenoient les uns des eſpées toutes nues, les autres haches,
» les autres becs de faucon, & maſſues de bois ayans piquans
» de fer au bout, & deſdits harnois feroient & frappoient ſur
» aucuns qui eſtoient en la compagnie, diſans tels mots: *à mort,*
» *à mort,* & qu'il eſt vrai que lors, il qui parle pour mieux
» voir qui étoient iceux compaignons, alla ouvrir le guichet de
» la porte qui a iſſué en ladite vieille rue du Temple, à l'oppo-
» ſite dudit hôtel de l'image de Notre-Dame; & ainſi qu'il
» ouvrit ledit guichet de ladite porte, on bouta un bec de
» faucon entre ledit guichet & la porte, dont lors il qui parle,
» pour doubte qu'on ne lui fît mal dudit bec de faucon, referma
» ledit guichet & s'en retourna en la chambre dudit ſon maitre,
» par l'une des feneſtres de laquelle il vit aucuns compaignons
» qui étoient montés ſur chevaux emmi la rue devant ledit
» hôtel de l'image Notre-Dame, & ſi veid ſortir d'icelui hôtel,
» cinq ou ſix compagnons tous montés ſur chevaux, qu'incon-
» tinent qu'ils furent ſortis, un homme de pied près d'iceux,
» feri & frappa d'une maſſue de bois un homme qui étoit
» tout étendu ſur les carreaux, & revêtu d'une houpelande de
» drap de damas noir, fourrée de martre; & quand il eut
» frappé ledit coup, il monta ſur un cheval & ſe mit en la
» compagnie des autres. Ne ſavoit lors il qui parle, qui étoit
» ledit homme ainſi abattu à terre; mais lors il ouït dire à
» ceux qui eſtoient à une des feneſtres de ladite chambre, qu'ils
» penſoient & cuidoient que ce fuſt Monſieur de Boqueaux;

&

DE LITTERATURE.

« & incontinent après ledit coup de maſſue ainſi donné, il
« qui parle veid tous leſdits compaignons qui étoient à cheval
« eux en aller & foüir le plutôt qu'ils pouvoient ſans aucune
« lumière, droit à l'entrée de la rue des Blancs-manteaux en
« laquelle ils ſe bouterent, & ne ſait quelle part ils allerent.
« Incontinent qu'ils s'en furent allés, lui eſtant encore à ladite
« feneſtre, vit ſortir par les feneſtres d'enhaut dudit hôtel de
« l'image Notre-Dame, grande fumée, & ſi oüit pluſieurs des
« voiſins qui crioient moult fort : *au feu, au feu ;* & lors lui
« qui parle, ledit ſon maître & les autres deſſus nommés, alle-
« rent tous emmi la rue, eux étans en laquelle, il qui parle
« veid à la clarté d'une ou deux torches, ledit feu Monſeigneur
« d'Orleans, qui étoit tout étendu mort ſur les carreaux, le
« ventre contre mont, & n'avoit point de poing au bras feneſtre,
« ....& ſi veid qu'environ le long de deux toiſes près dudit
« feu Monſeigneur le duc d'Orleans, étoit auſſi étendu ſur les
« carreaux, un compaignon qui étoit de la cour dudit feu
« Monſeigneur le duc d'Orleans, appellé *Jacob,* qui ſe com-
« plaingnoit moult fort comme s'il vouloit mourir, & ſurvinrent
« pluſieurs perſonnes, entre leſquels étoient M. de Garencieres,
« ledit ſon maître & Jean de Rouvray deſſus nommés, qui
« leverent ledit corps mort & l'emporterent audit hôtel du
« Mareſchal. Requis lui qui parle, s'il ne ſcait point qui furent
« ceux qui ainſi mirent à mort ledit feu M.gr d'Orleans, dit
« que non, excepté qu'il eſt commune renommée, que ce
« a fait ou fait faire, M.re Aubert de Canny, capitaine de
« Caen ».

Parmi toutes les dépoſitions des témoins, il n'y a que ces deux que je viens de rapporter, qui contiennent quelque détail ſur la manière dont cet aſſaſſinat fut commis; & l'on eſt étonné de ne point trouver celles de Henri du Chaſtelier, échançon du duc d'Orléans, & de Jean de Rouvrai qui, ſelon la dépoſition de leur domeſtique, étoient à la fenêtre, & avoient pû en ſavoir davantage. Peut-être reconnurent-ils l'auteur du crime; mais ils ne voulurent point dépoſer ni paroître comme témoins, dans la crainte d'encourir l'indignation du duc de Bourgogne, qui s'étoit rendu redoutable à tout le monde. Ce ne fut qu'après le propre aveu de ce Prince, qui voulut faire regarder son crime comme une action louable, qu'on put en savoir toutes les particularités. Au reste l'exécution de cette horrible cruauté ne fut pas longue, & avant que les voisins du lieu de la scène eussent le temps de regarder par la fenêtre, elle étoit déjà bien avancée.

Quelques témoins dirent qu'ils avoient bien entendu du bruit, mais qu'ils n'avoient pas ouvert leurs portes, parce que l'hôtel de la Reine étant proche, ils avoient cru que c'étoit les Pages qui s'entrebattoient.

Voici donc ce qui résulte de la déposition des témoins, de la requête présentée cinq ans après le meurtre, au roi Charles VI par les enfans du duc d'Orléans, & de ce qu'en rapportent les historiens du temps.

Le duc d'Orléans étoit accompagné de peu de personnes, qui même ne paroissent pas avoir eu d'armes. Quand il fut arrivé vis-à-vis de l'hôtel de Rieux & de la maison de l'image Notre-Dame, où les assassins s'étoient rangés des deux côtés de la rue au nombre de dix-huit ou vingt, le cheval sur lequel étoient montés les deux écuyers, prit l'épouvante à la vûe de ces gens armés, & s'enfuit le long de la vieille rue du Temple vers la rue S.t Antoine, sans que les cavaliers qui étoient dessus pussent l'arrêter, en sorte qu'il ne resta auprès du duc d'Orléans que cinq ou six personnes qui étoient à pied, & qui le défendirent apparemment de leur mieux. Ce Prince se voyant attaqué, cria: *je suis le duc d'Orléans*; à quoi on lui répondit, *c'est ce que nous demandons*. Aussi-tôt ils commencèrent à le frapper & le renversèrent de dessus sa mule, qui s'enfuit aussi du côté de la rue S.t Antoine: ce Prince livré à ses meurtriers, en fut traité avec une barbarie qui fait horreur. Ecoutons ses enfans dans leur requête au Roi. « Ces meurtriers, disent-ils, qui jà par » long-tems l'avoient espié...... lui coupèrent une main tout » jus, laquelle demoura en la boe jusqu'au lendemain; après

ils lui coupèrent l'autre bras par dessus le coude tant qu'il «
ne tenoit qu'à la peau, en outre ils lui fendirent la tête en «
divers lieux, & tant que la cervelle en cheist presque toute «
en la boe, là le renversèrent & traînèrent jusques à ce qu'ils «
virent qu'il étoit tout roide mort, qui est & seroit une très- «
grant douleur & pitié à oïr reciter du plus bas homme & du «
plus petit état du monde, ne oncques mais le sang de votre «
noble linage & maison de France ne fut si traiteusement ne «
si honteusement épandu. »

Le page du duc d'Orléans s'étoit jeté sur son maître pour le garantir des coups; mais il fut bien-tôt renversé par terre & blessé à mort. Un nommé Robinet, officier de la fruiterie de ce Prince, qui portoit un flambeau, voulut aussi le défendre & cria au meurtre; mais après avoir été blessé de deux coups de tranchant, l'un à la tête au dessus du front, & l'autre au bras droit, il se sauva dans la maison d'une chapelière nommée Amelotte Lavelle, rue des Roziers, qui n'étoit qu'à trente pas du lieu où fut commis l'assassinat. Sur le bruit qu'elle entendit elle ouvrit sa porte, où Robinet entra, la priant de lui sauver la vie: elle le vit si mal qu'elle n'eut que le temps d'aller chercher un confesseur aux Blancs-manteaux; & en passant devant l'hôtel de Rieux, elle vit qu'on y portoit le corps de monseigneur d'Orléans: les autres domestiques épouvantés s'enfuirent où ils purent. Sur ces entrefaites, & pendant que le corps étoit encore dans la boue, les deux écuyers revinrent, ramenant avec eux la mule du Duc, qu'ils s'imaginoient seulement être tombé: mais les meurtriers leur dirent; « que en tel point seroient mis comme leur maître s'ils ne s'en alloient au plus viste; » ils s'enfuirent donc vers l'hôtel de la Reine en criant au meurtre. Il paroît qu'il y eut peu de spectateurs de cette scène tragique: car il y avoit du risque à sortir des maisons du voisinage pendant le peu de temps qu'elle dura. Les assassins, au moindre bruit qu'ils entendoient pour ouvrir des portes, tiroient des flèches, qui les faisoient refermer bien vîte: ils avoient eu la précaution, en même temps qu'ils attaquèrent le duc d'Orléans, & qu'ils furent sûrs de leur coup, de mettre le feu dans les chambres de la maison de l'image Notre-Dame; ils crièrent au feu en partant & s'enfuirent à l'hôtel d'Artois, rue Mauconseil, où demeuroit le duc de Bourgogne, & où ils avoient une retraite assurée. La comédie Italienne occupe maintenant une portion de cet hôtel, qui s'étendoit depuis la rue Montorgueil jusque vis-à-vis le cloître de S.t Jacques de l'Hôpital; car la rue Françoise n'a été percée que sous le règne de François I.er, sur le terrain de l'hôtel de Bourgogne ou d'Artois.

On voit, par les dépositions des témoins, la route que tinrent les assassins jusqu'à la rue Mauconseil exclusivement. Après le meurtre ils entrèrent dans la rue des Blancs-manteaux, passèrent par les rues Simon-le-franc, Maubuée, S.t Martin, aux Oues & S.t Denys. Tous les témoins de ces rues qui furent entendus le lendemain déposèrent qu'ils avoient vû passer sur les huit heures une troupe de gens à cheval au nombre de quinze ou seize, & deux hommes à pied qui s'enfuyoient à grande hâte; mais on n'entendit aucun des habitans de la rue S.t Denys & de celle de Mauconseil, qui seuls pouvoient dire l'endroit précis où les meurtriers s'étoient retirés, ou si l'on en entendit, leurs dépositions demeurèrent secrètes.

Outre la précaution que les assassins avoient prise de mettre le feu à la maison d'où ils sortoient, pour amuser ceux qui auroient voulu les poursuivre en les obligeant de songer à éteindre le feu, ils jetèrent des chausse-trappes dans les rues, tirèrent des flèches contre ceux qu'ils s'imaginèrent les suivre, & éteignirent avec leurs piques & leurs bâtons toutes les lumières qu'ils trouvèrent allumées dans les boutiques devant lesquelles ils passèrent.

La nouvelle de ce meurtre fut dans un instant répandue dans tout Paris; & la reine Isabeau qui en fut une des premières instruite, se fit transporter aussi-tôt à l'hôtel de saint Paul pour y être plus en sûreté qu'à l'hôtel Barbette.

Le duc de Bourgogne ayant appris des assassins la façon

dont ils avoient exécuté ses ordres, sortit de chez lui pour aller à l'hôtel d'Anjou, rue de la Tisseranderie, où les Princes s'assemblèrent au bruit de l'assassinat. On va voir jusqu'où cette ame basse poussa l'hypocrisie & la scélératesse dans un pareil évènement, après que j'aurai rapporté le commencement des informations du prevôt de Paris.

« En l'an de grace mille quatre cent & sept, le mercredi vingt-troisième jour de novembre entre huit & neuf heures de nuit, monseigneur le connestable de France manda par Guillaume de Herville son écuyer à nous Guillaume, seigneur de Tignonville prevôt de Paris, à la Cave de Pontis *(h)*, que monseigneur d'Orléans avoit été présentement tué & meurdry en la vieille rue du Temple à Paris, emmi la rue ainsi qu'il alloit son chemin.

« Ouï lequel mandement, Nous, en notre compagnie, M.e Robert Tuilliers notre Lieutenant & plusieurs autres officiers du Roi notre Seigneur en grand nombre arrivez & habillez pour sçavoir qu'il en estoit, allasmes hastivement en ladite vieille rue du Temple; en laquelle rue, c'est assavoir en l'hôtel de monseigneur le maréchal de Rieux, assis en ladite rue près de la porte Barbette, nous trouvasmes le corps dudit feu monseigneur d'Orléans tout mort & tout seignant étendu sur une table, vêtu d'une robe de drap de damas noir, navré de plusieurs playes, c'est assavoir de deux playes en la teste, l'une prenant de l'œil senestre & allant jusqu'au dessus de l'oreille droite, & l'autre prenant de l'oreille senestre & allant jusques près de l'autre oreille, lesquelles playes étoient telles & si énormes, que le test étoit fendu, & que toute la cervelle en sailloit; *item* que son poing senestre étoit coupé tout hors du bras entre le pouce & la première jointure du bras; *item* que son bras destre étoit rompu tant que le maistre os sailloit dehors au droit du coude; *item* trouvasmes audit hôtel le corps du page dudit monseigneur d'Orléans tout mort

(h) C'étoit le nom qu'on donnoit alors à l'ancien hôtel des comtes de Ponthieu, situé dans la rue Bétisi du côté de la rue de l'Arbre-sec; le prevôt de Paris y demeuroit.

» & tout feignant, navré de plufieurs playes en la tefte &
» ailleurs, appellé icelui Page Jacob de Merre, par lefquelles
» playes apparoift que mort s'eftoit enfuivie en leurs perfonnes;
» & fi nous fut dit par plufieurs gens là préfens, que le varlet
» de pied dudit monfeigneur d'Orléans avoit été navré moult
» énormement ou conflict, & qu'il étoit en un hôtel en la
» ville; mais pas ne veifmes ledit varlet.

» Lefquelles chofes ainfi trouvées advenues, nous envoaf-
» mes de nos gens haftivement par devers nos feigneurs de
» France eftant à Paris; c'eft affavoir les uns par devers le
» roy de Secille, les autres par devers meffeigneurs de Berry,
» de Bourgogne & de Bourbon pour leur dire ledit cas advenu,
» & que par eux nous fuft mandé ce qu'ils vouloient que nous
» feiffions au furplus, defquels Noffeigneurs nofdites gens retour-
» nèrent incontinent devers nous en ladite place, & nous rap-
» portèrent que pour pourvoir à la befongne, Noffeigneurs
» s'affembloient tous en l'hôtel du roy de Secille appellé
» d'Anjou.

» Ouï lequel rapport de nofdites gens, nous nous tranfpor-
» tafmes par devers Noffeigneurs de France audit hôtel d'Anjou,
» auquel nous trouvafmes affemblés le roi de Sicile, Meffei-
» gneurs les ducs de Berry, de Bourgogne & de Bourbon,
» Meffeigneurs les comtes de Clermont & de Nevers, Mon-
» feigneur le connêtable de France, Monfeigneur le comte de
» Tancarville, & plufieurs autres de Noffeigneurs & du grand
» Confeil du Roy, lefquels Noffeigneurs fitot qu'ils nous virent,
» nous appellerent & nous demanderent qu'il étoit du cas, &
» fi nous fçavions qui ce avoit fait, auxquels nous repondifmes
» que nous avions trouvé ledit Monfeigneur d'Orléans mort
» & tué & fon page auffi en la maniere deffus écrite, mais
» pas n'avions encore trouvé qui ce avoit fait.

» Ce fait, par nofd. Seigneurs fut appointé que haftivement
» nous feiffions fermer toutes les portes de Paris, afin qu'aucun
» n'en peuft partir, tant que la vérité en fut fceue, & auffi
» que nous miffions Gardes par les rues, afin que aucune
» commotion ne s'y feift; & auffi que diligemment nous

feissions faire information du cas, & qui estoient les faiseurs, »
& que de ce feissions bonne diligence. «

Après lequel appointement ainsi fait, nous mandasmes «
incontinent le prevost des marchands & feismes fermer toutes «
les portes & meismes Gardes par les rues en très grand «
nombre, à la fin dessus dite ».

On procéda aux informations dès la nuit même, le lendemain pendant tout le jour & pendant la matinée du jour suivant qui étoit un vendredi. Cependant le corps du duc d'Orléans, après avoir demeuré pendant quelques heures à l'hôtel de Rieux, fut mis en dépôt dans l'église des Blancs-manteaux; & ce fut là que le duc de Bourgogne, avec les autres Princes du sang, le vint voir, sans faire paroître aucune émotion qui pût le déceler: il dit même avec une apparence d'indignation, que *oncques mais en ce Royaume si mauvais ne si traître murtre n'avoit eté commis ne perpetré.* Il se comporta de même le lendemain lorsqu'on porta le corps aux Célestins, où le duc d'Orléans avoit, par son testament, demandé d'être enterré.

« Après l'accomplissement du très horrible & detestable murtre (disent les enfans du duc d'Orléans, dans leur requête «
au Roi) le traistre vint au corps avec les Seigneurs de votre «
sang, se vestit de noir, fut à son enterrement, feignit de «
pleurer & faire deuil & avoir deplaisance de sa mort, cuidant «
par ce celer, couvrir & embler son mauvais peschié ».

On a vû par l'une des dépositions que j'ai rapportée, que tout le monde soupçonna d'abord de l'assassinat Aubert le Flamenc, Chevalier, seigneur de Cani & chambelan du duc d'Orléans; parce que ce Prince avoit débauché Marie d'Enghien sa femme, & en avoit eu en 1402 le fameux Jean d'Orléans comte de Dunois. Mais ce soupçon ne dura pas long-temps; on sut dès le lendemain de l'assassinat, qu'il y avoit un an que le seigneur de Cani n'étoit venu à Paris. Au reste, Marie d'Enghien est la seule maîtresse que l'histoire nous apprenne que ce Prince ait eue. Le testament qu'il fit le dix-neuf du mois d'octobre de l'année suivante, doit nous persuader qu'il avoit fait des retours sérieux sur sa conduite. Ce testament, qui est très-long, fut trouvé après sa mort, écrit tout entier de sa main. Les sentimens de Religion, une piété sage & éclairée qu'il y fait éclater, sa reconnoissance envers Dieu des biens dont il l'avoit comblé, le regret qu'il témoigne de n'en avoir pas fait un meilleur usage, son amour pour les pauvres honteux, les sommes considérables qu'il lègue pour les hôpitaux & pour la fondation de six Boursiers au collège de l'*Ave Maria*, l'attention qu'il eut d'ordonner « que ses enfans fussent sous la conduite d'anciens » Chevaliers prud'hommes & vaillans, qui eussent gravité en » eux avec bonne discretion pour leur montrer & enseigner leurs défauts » ; la reconnoissance qu'il témoigne à Valentine de Milan sa femme, pour la bonté qu'il a remarquée en elle ; enfin la marque d'amitié qu'il y donne à son oncle Philippe duc de Bourgogne qui vivoit encore alors, en lui recommandant ses enfans, tout cela témoigne au moins les sentimens où étoit alors le duc d'Orléans, âgé de trente-deux ans, & s'accorde avec les louanges que les auteurs du temps lui ont données sur sa piété, sa grandeur d'ame, la noblesse & la générosité de son cœur, sa politesse & son affabilité à l'égard de tout le monde.

Il n'étoit pas possible que le prevôt de Paris, n'eût découvert, par les informations, le lieu de la retraite des assassins, & qu'il n'eût eu sujet d'avoir de violens soupçons sur le duc de Bourgogne. Le parti que l'on prit de visiter toutes les maisons, même celles des Princes, l'obligea d'avouer son crime. « Quand il vit, disent les enfans du duc d'Orléans » dans leur requête au Roi, que son meffait venoit en clareté » & en lumiere, & étoit jà connu & descouvert par la Justice, » lors il confessa ouvertement au roi de Sicile & à Monsieur » de Berry, avoir commis & fait perpetrer led. traistre murtre, » & dit que le diable l'avoit tempté & surprins, lequel lui » avoit fait faire, sans autre cause ou raisons quelconques y » assigner ». Il nomma en particulier Raoul d'Auctonville, comme le principal instrument dont il s'étoit servi. Le roi de de Sicile & le duc de Berri faisis d'horreur à l'aveu d'un pareil attentat, lui firent connoître le péril où il étoit d'être puni comme il le méritoit, & lui conseillèrent de chercher au plus tôt à se mettre en sûreté dans ses Etats. Il partit en effet le 26 de novembre de Paris pour se retirer en Flandre.

Son caractère ambitieux, entreprenant & cruel l'avoit rendu si terrible, qu'on n'osa le poursuivre selon la rigueur des loix, en sorte que Valentine de Milan, veuve du duc d'Orléans, étant venue de Blois à Paris avec deux de ses enfans, se jeter aux pieds du Roi & lui demander justice, n'en reçut que des promesses de la venger, & des paroles de consolation sans aucun effet : car cette Princesse ayant demandé que le Procureur général fût adjoint avec elle pour faire les conclusions criminelles appartenantes au cas pour l'intérêt de justice, ce Magistrat refusa de prêter son ministère; & quelques instances qu'elle fît, elle ne put jamais obtenir cette jonction. Elle mourut quelques mois après de chagrin & de douleur, de voir le duc de Bourgogne revenir à Paris aussi puissant à la Cour & aussi fier que s'il n'eût eu rien à se reprocher: il eut l'audace de faire donner des lettres *(i)* patentes qu'il avoit lui-même dictées, & dans lesquelles il faisoit ainsi parler le Roi. « Pour ce qu'il (le duc de Bourgogne) étoit pleinement informé, si comme il fit dire & proposer que notredit « frere (le duc d'Orléans) avoit machiné & machinoit de « jour en jour à la mort & expulsion de nous & de notre « génération, & tendoit par plusieurs voies & moyens à par- « venir à la couronne & seigneurie de notredit Royaume; il « (le duc de Bourgogne) pour la seureté & préservation de « nous & notredite lignée, pour le bien & utilité de nostredit « Royaume, & pour garder envers nous la foi & loyauté en « quoi il nous est tenu, avoit fait mettre hors de ce monde «

(i) Ces lettres furent cassées & annulées comme nulles & subrepticement impétrées, par d'autres lettres données à Melun le 2 juillet 1408.

Voyez les preuves de l'histoire de Blois, in-4.° page 31, & *la nouvelle histoire de Bourgogne*, t. III, page 254.

» noſtredit frere, en nous ſuppliant que ſe par le rapport d'aul-
» cuns ſes malveillans ou autrement nous avions prins aucune
» deplaiſance contre lui pour cauſe dudit cas advenu en la per-
» ſonne de noſtredit frere, nous conſiderant leſdites cauſes pour-
» quoy il l'avoit fait faire, voulſiſſions oſter de notre courage
» toute deplaiſance.... ſçavoir faiſons que nous conſiderant le
» fervent & loyal amour & bonne affection que noſtredit couſin
» a eu & a à noſtredite lignée.... avons oſté & oſtons de noſtre
» courage toute deplaiſance que par le rapport d'aulcuns mal-
» veillans de noſtredit couſin ou autrement pouvons avoir eu
» envers lui pour occaſions des choſes deſſus dites, & voulons
» qu'iceluy noſtre couſin de Bourgogne, ſoit & demeure en
noſtre ſinguliere amour comme il eſtoit auparavant ». C'eſt
ſur cet étrange aveu de Charles VI qu'il n'a aucun déplaiſir
de la mort du duc d'Orléans, que ſe récrièrent ſes enfans
dans leur requête : « ce qui eſt très-grant horreur à ouïr ſeule-
» ment recorder, diſent-ils, & encore ſera plus que ceux qui
» viendront, liſent & treuvent en écriptures notables, qu'il
» ſoit parti de la bouche du Roy de France, qui eſt le plus
» grand Roy des Chrétiens, qu'en la mort de ſon ſeul frere
» germain ſi cruelle & ſi traitreuſe, il n'ait point pris de deplaiſance ».

Malgré l'entrevûe des enfans du duc d'Orléans & du duc
de Bourgogne qui ſe fit à Chartres en 1409, où ces Princes
s'embraſsèrent, & où l'on conclut une paix qui fut appelée
la paix fourée, les animoſités des deux partis ne s'éteignirent
point. Le duc de Bourgogne devenu tout puiſſant à la Cour,
ne ſongea qu'à perſécuter & à chaſſer de leurs places les
créatures de la maiſon d'Orléans. Le Grand-maître de Montaigu fut une des victimes de ſa cruauté : il lui fit trancher la
tête aux halles ; mais avant ſa mort il lui fit donner la queſtion
pour l'obliger, par les tourmens, à déclarer que le duc d'Orléans étoit coupable de tous les crimes dont il avoit tâché
de noircir ſa réputation : ce que Montaigu ſoûtint, juſqu'à
la mort, être faux ſur le péril de ſon ame. Ce ne fut qu'en
1411 que le parti des Armagnacs ayant pris le deſſus à la

DE LITTERATURE. 539

Cour, on se flatta de voir enfin le Roi sévir contre le coupable. Les enfans du duc d'Orléans lui présentèrent une longue requête composée par le célèbre Gerson, où l'énormité de l'assassinat & les suites funestes de l'ambition du duc de Bourgogne, sont décrites d'une manière touchante. Mais le duc de Bourgogne étant encore revenu à Paris où il se rendit le maître, la maladie du Roi, les brouilleries qui survinrent à la Cour, & plus que tout cela, la guerre contre les Anglois, obligèrent à ménager ce Prince de peur de l'aigrir & d'augmenter les maux de la France. Les partisans de la maison d'Orléans durent dès-lors s'attendre à ne plus trouver de tribunaux sur la terre où ils pussent obtenir justice: mais la providence de Dieu attendoit le coupable à Montereau-faut-Yonne. Cette Divine Providence qu'on a vû dans tous les temps la vengeresse de ces crimes si contraires à l'humanité, & dont les effets portent la désolation dans la société, éclata en 1419 contre le duc de Bourgogne. Il ne faut que se rappeler le massacre exercé l'année précédente dans Paris, contre ceux qu'on soupçonnoit seulement d'être Armagnacs, massacre qui ne le cède guère en cruauté & en barbarie, à celui de la S.t Barthelemi, pour se convaincre de la juste punition que méritoit l'auteur de tant de maux.

Abstulit hunc tandem Rufini pœna tumultum,
Absolvitque Deos.

Claudian. in Rufinum, l. I, v. 20 & 21.

Tout le monde est instruit du sujet de la conférence de Montereau où se trouva engagé le duc de Bourgogne avec le Dauphin. Ce fut là qu'en présence de ce Prince il reçut le châtiment qu'il méritoit par une mort presque toute semblable à celle qu'il avoit fait souffrir au duc d'Orléans. Jean Séguinat, secrétaire du duc de Bourgogne & témoin oculaire, qui étoit un des dix qui accompagnèrent ce Prince, la raconte ainsi dans une déposition *(k)*. « Un grant homme brun, le nom duquel lui qui parle ne scet.... tenoit une grande épée

(k) Mémoire pour servir à l'histoire de France & de Bourgogne, page 274.

Yyy ij

» taillant toute nue, & en ce mouvement encommencierent à
» crier les gens du dauphin, *tuez, tuez*, & ce grant homme
» commença à frapper feu mondit Seigneur de ladite épée fur
» la tête en defcendant au long du vifage du coté dextre ; &
» feu mondit Seigneur pour cuider éviter le coup, jetta le bras
» au devant dont il fut blecié très-vilainement : car il ne put
» tant obvier que le cop ne lui cheuft fur le vifage, & ot dudit
» cop le bras emprés la main prefque coppée, duquel cop il
» ne cheuft point, & étoit Barbazan au plus près de celui qui
» donna ledit cop ; mais tantôt Taneguy (du Chatel) frappa
» mondit feu Seigneur de la hache qu'il tenoit, fi grand cop
» fur la tête, qu'il chei à terre fur le cofté feneftre, le vifage
» devers ledit Dauphin qui y étoit préfent ».

Ainfi, dit M. Boffuet dans fon hiftoire de France, ainfi mourut un méchant Prince par une méchante action, qu'on doit cependant regarder comme un effet de la juftice de Dieu qui avoit différé jufqu'à ce temps la punition du déteftable affaffinat commis douze ans auparavant en la perfonne du duc d'Orléans.

www.ingramcontent.com/pod-product-compliance
Lightning Source LLC
Chambersburg PA
CBHW060617050426
42451CB00012B/2294